SERVICIO MESIÁNICO DE SHABBAT

A  Book ©

Hollisa Alewine, PhD

Copyright © Hollisa Alewine, 2017

Printed in the United States of America

Without limiting the rights under copyright reserved above, no part of this publication may be reproduced, stored in, or introduced into a retrieval system, or transmitted, in any form, or by any means (electronic, mechanical, photocopying, recording, or otherwise), without the prior written permission of the copyright owner.

Scriptures references are from the NASB unless otherwise noted.

Cover design by Rubel Photography, Mt. Juliet, TN.
Translated by Mariela Perez-Rosas.

This booklet is a BEKY Book publication:
Books Encouraging the Kingdom of Yeshua.
www.bekybooks.com

DEDICACIÓN

Para mis amigos fieles de La Rama de Olivo

CONTENIDO

Glosario

1. El Patrón Mesiánico de Culto

2. El Lugar

3. Orden del Servicio

   Oración
   Bendiciones
   Danza Davídica de Alabanza
   Bendición sobre los Niños
   Kiddush y HaMotzi
   Oneg

4. Cobertura de la Cabeza

5. Estructura Organizativa

6. Shabbat Especiales – Bar Mitzvah

7. Conclusión

   Preguntas Frecuentes

   Preguntas para Revisión

   Notas Finales

   Sobre la Autora

GLOSARIO

Adonai - Mi Señor

Amidah – La Oración de Pie hecha tres veces al día.

Aron – El Armario que contiene los Rollos de la Torah y otros Rollos.

Beit Din – La corte rabínica que decide asuntos de importancia.

Bimah – Mueble, generalmente elevado, en donde el Rollo de la Torah es desenrollado para la lectura pública.

Brit Jadashah – Nuevo Testamento o literalmente "Nuevo Pacto."

El Shaddai – El Dios Todo-Suficiente

Gabbal – Alguien que ayuda con los asuntos administrativos, para el funcionamiento ordenado del servicio de la Sinagoga; esta persona también es llamada como el Shamash.

Haftorah – Porción de la Escritura de los Profetas que es leída juntamente con la porción acostumbrada de la Torah que se lee en cada semana.

Halajah – el método de caminar de las Escrituras de acuerdo a la ley Judía.

Hitpallel – orar, en el sentido reflexivo del verbo, juzgarse a uno mismo.

Jazzan – Alguien calificado en conducir la oración publica, que usualmente es cantada; de allí que también se le conoce como el cantor.

Kavanah – Pasión e intención que acompaña las oraciones.

Ketuvim – La sección de la TANAK conocida como Los Escritos; que contiene los libros como Los Salmos, y el Libro de Ester.

Kiddush – Copa de Vino que acompaña la celebración, especialmente en las comidas de Shabbat.

Kippah – Gorra usada por los Judíos observantes.

Mashiaj – Mesías.

Megillah – Rollo, como el de Ester.

Mezuzah – una pequeña cajita colocada en los postes de las puertas de un hogar Judío; contiene Escrituras escrita por un escriba, y cumple el mandamiento de escribir Su Palabra "en los postes de las puertas de tu casa…"

Midrash – Lectura, discusión, y hasta burlas del sentido y significado de las Escrituras.

Mikveh – Piscina de aguas vivas para inmersión, similar al bautisterio Cristiano.

Moedim – Las Fiestas Bíblicas: Pascua, Panes sin Levadura, Primicias de la Cebada, Pentecostés, Fiesta de las Trompetas, Día de Expiación, y Tabernáculos.

Ner Tamid – "Siempre Luz": la luz para el arca en la sinagoga que siempre está encendida.

Neviim – División de las Escrituras conocida como los Profetas.

Oneg – Placer o delicia del Shabbat; es usado usualmente para describir la comida y refrescos después del servicio en la Sinagoga.

Parojet – El velo o cortina del Arca.

Seder – Orden; se puede referir al orden del servicio, como el Seder de Pascua.

Shammash – Siervo; este oficio en la Sinagoga se parece al del diácono.

Shmonei Esrei – "18." El Shmonei Esrei es otro nombre para la Amidah, la oración que hace tres veces al día por los judíos observantes.

Shofar – Cuerno del carnero usado como trompeta.

Siddur – Libro de Oración.

Sofer – Escriba.

Tallit o Tallit Katan – un manto rectangular al que se le añade franjas y orlas. El Tallit se usa para la oración, pero el Tallit Katan se puede vestir debajo de la camisa durante el día.

Tanak - Es un acrónimo para Torah, Neviim y Ketuvim, es decir Ley, Profetas y Escritos, la división antigua de las Escrituras Hebreas. Los libros de la Tanak son los mismos de las Biblias Cristianas solo que en diferente orden.

Tefillah - Oración.

Torah – los primeros cinco libros de la Biblia, mal entendida como "Ley" en las traducciones. La Torah es con más precisión enseñanzas e instrucciones de Dios. Contiene temas como ciencia, historia, procedimientos sacerdotales, estatutos civiles, ordenanzas, salud, agricultura, mandamientos, profecías, oraciones, ganadería, arquitectura, derechos cívicos y muchos otros. La raíz de la palabra hebrea Torah viene de la palabra hebrea *yarah*, que significa "dar en el blanco." Torah también es usada para referirse a toda la Biblia Hebrea, hasta el significado más pequeño, un procedimiento. Torah es usada por los Judíos Mesiánicos para referirse a toda la Biblia, de Génesis a Apocalipsis, porque la Torah es la fundación de toda la Escritura. Los profetas hacían regresar a Israel a la Torah. Los Salmos nos enseñan a amar la Torah, de la manera que el Rey David la amo. Los Escritos nos enseñan las consecuencias de abandonar la Torah y las recompensas de regresar a ella. El Nuevo Testamento trae a la Torah a su completo significado en la persona de Yeshua el Mesías y mucho del Nuevo Testamento cita a la Tanak.

Zekenim – Ancianos.

Tzitzit – Orlas puestas en las esquinas de la ropa para recordar al que los viste de guardar los mandamientos.

Yarmulke – otro nombre para la gorra ritual de un hombre judío.

Yeshua - el nombre hebreo de Jesús, que significa salvación.

1
EL PATRÓN MESIÁNICO DE CULTO

El Movimiento Mesiánico viene de varios antecedentes. Es uno de los grupos raciales más diversos en los Estados Unidos y es considerado el movimiento "base." El Movimiento Mesiánico es un fenómeno creciente, tanto en los Estados Unidos como en el mundo entero. Muchos Cristianos tradicionales ahora están escogiendo guardar las Fiestas Bíblicas, tanto así que hay más Mesiánicos no-Judíos que Judíos.

El Culto Mesiánico tiene el potencial de ser una experiencia profunda y satisfactoria. A pesar de que las Congregaciones Mesiánicas y Agrupaciones están levantándose por todo el mundo, la diversidad de religiones, etnias y antecedentes académicos hacen a cada congregación diferente, sea Judía o Gentil. No existe un patrón todo incluido para el Culto Mesiánico, así que el mejor enfoque para describirla es relatar los componentes más comunes usados en un servicio.

Al igual que los primeros discípulos y apóstoles de Yeshua (Jesús), nadie sabe realmente como llamar a este movimiento. A pesar de que casi siempre se le llama "Movimiento Mesiánico," esto es un poco inapropiado. Aquellos que siguen a Yeshua el Mesías son Mesiánicos, pero nuevamente, también lo son los Judíos observantes. A pesar de que los Judíos Ortodoxos no creen que

Yeshua es el Mesías, ellos no obstante esperan y oran por la venida del Mesías diariamente, por lo que ellos también son Mesiánicos en la expectativa. La diferencia es que los Judíos Ortodoxos están esperando la primera venida del Mesías, mientras que los "Mesiánicos" están esperando su retorno.

En el Primer Siglo, los creyentes en Yeshua como el Mesías fueron llamados con diferentes nombres: El Camino, Los Nazarenos, y eventualmente Cristianos, un nombre que hoy en día es reflejado al decir "Mesiánicos." Ya que la mayoría de la gente entiende que un Cristiano es un seguidor de Yeshua, la gente hoy día también entiende que un mesiánico es un seguidor de Yeshua. Esto no hace a los Judíos Ortodoxos menos Mesiánicos en su propia expectativa.

Los Mesiánicos modernos rastrean su historia al mismo principio del Cristianismo, pero ellos particularmente se identifican con los primeros Nazarenos. Epifanio de Salamina, un obispo del Tercer Siglo, describe a los Nazarenos de tener las siguientes prácticas:

1. Ellos usan el Antiguo y Nuevo Testamento.
2. Tienen buen conocimiento del Hebreo y usan el Antiguo Testamento; ellos leen por lo menos un evangelio en Hebreo.
3. Ellos creen en la resurrección de los muertos.
4. Ellos creen que Dios es el Creador de todas las cosas.
5. Ellos creen en Dios y en su Hijo Jesucristo.
6. Ellos guardan la Ley de Moisés.
7. Ellos se originaron en Jerusalén y después huyeron a Petra antes del 70.
8. Ellos estaban localizado geográficamente en Pella, Kokaba y Coele en Siria.

Los Nazarenos no eran considerados heréticos por la Iglesia hasta el Siglo Cuarto. Agustín de Hipona (354-430 D.C.) marca un cambio decisivo de la visión de los Nazarenos por la Iglesia. La aceptación de Agustín del juicio de Epifanio fijo su destino y llevo al rechazo final por la Iglesia Cristiana. Agustín dijo esto de los Nazarenos: "Ellos profesan ser Cristianos y profesan que Cristo es el Hijo de Dios, ellos practican el bautismo, ellos guardan la ley antigua, especialmente la circuncisión, la observancia del Sábado, restricciones de la comida, y son pocos en número." Jerónimo aseguro que ellos existieron hasta el principio del Quinto Siglo.

Aunque diverso, el Judaísmo Mesiánico Moderno es generalmente entendido como un movimiento de Judíos y Gentiles comprometidos con el Mesianismo de Jesús. Los Judíos Mesiánicos practican y mantienen el estilo de la vida Judía y la tradición. Su identificación con el pueblo Judío e Israel es central para su identidad étnica y espiritual. Ellos están comprometidos con los dos, el pueblo Judío y el numeroso Cuerpo del Mesías (Cristo).

Los Mesiánicos le dan gran importancia a la observancia de la Torah y a la relación entre el Antiguo y Nuevo Pacto. Ellos no ven la observancia de la Torah como un medio de salvación, sino, ellos la ven como un crecimiento de la salvación llamada santificación. Los Mesiánicos no promueven una salvación por obras, sino una relación de pacto de obediencia por amor.

El Judaísmo Mesiánico ha sido descrito como "el tercer carril" entre el Judaísmo y el Cristianismo, y los Mesiánicos No-Judíos también caminan por ese carril, a pesar de todo sin mucha etnia y tradición Judía. Los Mesiánicos confiesan que Yeshua (Jesús) es el Mashiaj (Mesías) para los dos, tanto como para los Judíos Mesiánicos como para los Cristianos.

EL LUGAR

El Santuario puede tener asientos congregacionales, un *bimah*, un *mikveh*, y un arca (*aron*). Un bimah es similar a un pulpito, pero está diseñado para la lectura de las Escrituras como para la enseñanza de la Palabra. Por esta razón el bimah es más grande que un pulpito tradicional para que el Rollo de la Torah pueda ser desenrollado para la lectura. Algunas veces se llama "El Asiento de Moisés." Un mikveh es una recolección de aguas para inmersión, es conocido para los Cristianos como un bautisterio. La inmersión puede marcar muchos eventos en la vida, no solamente salvación. Ya que los requerimientos para un mikveh incluyen "aguas vivas," el mikveh puede tener un diseño ligeramente diferente.

El arca contiene los Rollos de la Torah y otras Escrituras, tal como el rollo (*megillah*) de Ester. Los rollos representan a Yeshua, la Palabra Viva, que es la Palabra hecha carne que vivió entre nosotros. El arca puede tener un *ner tamid*, que es la luz perpetua que les recuerda a los congregantes a la Menorah que iluminaba la entrada al Lugar Santísimo donde la Torah era guardada. El arca también puede tener una cortina (*parojet*), y el mismo Rollo de la Torah puede ser decorado con un bello manto bordado y hasta una "corona."

La congregación puede tener una sala de reunión y una

cocina para poder participar en la comida comunitaria llamada *oneg* que sigue después del servicio.

¿Por qué tan Judío?

Los servicios de la Sinagoga han cambiado muy poco en los 2,000 años pasados, y hasta hoy un servicio de Shabbat nos da un vistazo en lo que Yeshua y sus discípulos experimentaron. Porque el lenguaje de las oraciones Judías Ortodoxas y muchas congregaciones mesiánicas son en Hebreo, un "visitante no preparado tiene poco conocimiento de lo que está pasando... todos parecen estar parados, sentados, reverenciando, recitando y moviéndose de una forma que no es familiar ni casual." (Hizak, 1988, p. 5) El objetivo de este librete es guiar al visitante a través de este territorio no familiar para que él o ella puedan apreciar el antiguo, y a pesar hermoso, tradiciones experimentadas en un servicio de culto Mesiánico.

Como la Sinagoga, una congregación Mesiánica no requiere un tipo específico de construcción. La función primordial del inmueble es para facilitar la lectura y el estudio de la Torah, la Palabra de Dios. Les permite a los creyentes reunirse en el Shabbat y las Fiestas Señaladas (moedim) [1] de Israel:

> *"No dejemos de congregarnos, como acostumbran hacerlo algunos, sino animémonos unos a otros, y con mayor razón ahora que vemos que aquel día se acerca."*
> **Hebreos 10:25**

El patrón del culto usualmente es derivado de las Escrituras y de las "tradiciones (costumbres) de los padres" trasmitido a través del Judaísmo, la raíz de la fe. Las tradiciones pueden ser buenas o malas y las Escrituras son la guía. Pablo, el gran rabino Judío, apóstol, autor, escribió que hay buenas tradiciones que debemos mantener:

1. Éxodo 23:17; 34:23; Deuteronomio 16:16

Así que, hermanos, sigan firmes y manténganse fieles a las tradiciones que, oralmente o por carta, les hemos transmitido.
2 Tesalonicenses 2:15

Los elogio porque se acuerdan de mí en todo y retienen las tradiciones, tal como se las transmití.
1 Corintios 11:2

La palabra Griega para "tradiciones" es *paradosis* (Strong# 3862), que se refiere específicamente a procedimientos y decisiones basados en la ley oral Judía, no la Palabra escrita. Por cuanto Pablo trasmitió tradiciones congregacionales judías a los Gentiles justos de Tesalónica y Corintios, hay una riqueza dentro de las prácticas de la sinagoga que los mesiánicos extraen. Dentro del mismo contexto en el que el valida las cartas de los apóstoles como normas para los creyentes, Pablo pone énfasis en guardar las tradiciones Judías.

Yeshua tenía la tradición Judía de ir a la Sinagoga cada Shabbat al culto a pesar de que esta costumbre no está estipulada o dada expresamente como un mandamiento: *"Fue a Nazaret, donde se había criado, y un sábado entró en la sinagoga, como era su costumbre. Se levantó para hacer la lectura."* **(Lucas 4:16)** Todos los apóstoles, incluyendo a Pablo, siguieron el ejemplo de Yeshua; las costumbres de él eran de ellos. Las últimas instrucciones de Yeshua en la tierra a sus discípulos fueron de enseñar los mandamientos del Padre y sus caminos a todas las naciones. [2]

La Escritura habla muy fuerte en contra de malas tradiciones. Yeshua se refirió a esto en **Mateo 15:6** cuando dijo: *"... Así por causa de la tradición anulan ustedes la palabra de Dios."* Y también en **Marco 7:8** *"Porque dejando el mandamiento de Dios, os aferráis a la tradición de los hombres..."* Yeshua nos enseña que no es bueno aferrarse a las tradiciones, dejando de lado la verdadera Palabra Escrita.

2. Mateo 28:20; 1 Corintios 11:1; Hechos 17:2; Hechos 26:3

La prueba más simple para saber si una tradición es buena o mala es si lleva a un discípulo a reproducir el mandamiento de Dios sin poder o con poder. Yeshua les dio a sus discípulos algunas pruebas para las tradiciones y costumbres de como determinar su valor.

Si bien es un problema definitivamente sustituir con la tradición la Palabra Escrita, no hay conflicto entre si la tradición creció de la semilla de la Palabra. Esta tradición produce armonía que exalta la verdadera Escritura. La Tradición, como la fruta, se convierte en el vehículo para la observancia de la verdad, dándole expresión y vida en un mundo dinámico. Un BEKY Librete está disponible para una mejor mirada a la relación entre verdad y tradición.

La necesidad de una congregación no es solamente hablar de cómo camino Yeshua, sino de caminar como El Anduvo. "*...En esto sabemos que estamos en El. El que dice que permanece en El, debe andar como Yeshua anduvo.*" **(1 Juan 2:5-6)** Esto incluye modelando nuestro culto de acuerdo a la manera que Yeshua rindió culto y los modelos de la Palabra Eterna.

En su libro, *Los Tiempos Señalados de Dios,* el Rabino Mesiánico Barney Kasdan dijo:

El servicio típico, aunque teniendo flexibilidad, ha seguido la misma estructura básica desde los días de Esdras y Nehemías (Neh 8). Tiene alabanzas de apertura, salmos e himnos la mayoría basados en el Libro de los Salmos, junto con lecturas rabínicas, seguido de la lectura/cantada publica de los rollos de la Torah y de la Haftorah (Profetas)… La tercera sección principal del servicio es el sermón sobre el pasaje de la semana. Después de un himno de cierre, el servicio termina con el Oneg Shabbat (la delicia del Shabbat).

Mezuzah

En casi todas las instalaciones Mesiánicas, hay una pequeña caja, rectangular o cilíndrica en el poste de la entrada de la puerta u otras puertas. La letra Hebrea Shin (v) usualmente identifica el contenedor decorativo; la Shin representa al Shaddai, uno de los Nombres de Dios. Hay un acróstico en el Nombre Shaddai que en hebreo se traduce: "El que guarda las puertas de Israel."

Dentro de la mezuzah se encuentra un pergamino con versos claves relacionados al mandamiento de poner la Palabra en los postes de las puertas y portones de nuestras casas, **Deuteronomio 6:9 y 11: 13-21.** Los textos de **Deuteronomio 6:4-9 y 11:13-21** son escritos por un *sofer* (escriba) en un diminuto pergamino y puesto en la caja.

Esta mezuzah es una señal que una familia Judía vive dentro de la casa, y en la Sinagoga o congregación Mesiánica, la mezuzah representa lo mismo. Es un recordatorio tal como lo indica el **Salmo 121:8,** El Shaddai guardara tu salida y tu entrada. Por cuanto contiene la Escritura, tú podrás ver que algunos miembros de la congregación tocan con sus dedos la mezuzah como una señal de reverencia a la Palabra.

3

ORDEN DEL SERVICIO

No hay un orden estándar para el servicio dentro de las congregaciones Mesiánicas, pero hay varios componentes estándares que pueden acompañar la experiencia. "Shabbat Shalom" es el saludo común de bienvenida en el Sábado. Su significado va más allá de un simple saludo. Cuando lo decimos, estamos impartiendo una bendición: "Que tú puedas tener un completo bienestar, plenitud, descanso, realización, y paz en la Creación de Dios." Esto provoca un tono de alegría.

Shofar

Hacer sonar el Shofar (cuerno del carnero) es parte de muchos servicios Mesiánicos de Shabbat. Algunos Shofares son hechos de cuernos de cabra más pequeños, y ellos normalmente producen un sonido más alto. Algunos son cuernos largos tomados del kudu u otro venado, y estos son más largos y pueden tener un giro elegante, y producen un sonido más profundo. El shofar sirvió para muchos propósitos en el Israel antiguo. Era tocado para advertir ataques, para anunciar un rey, para llamar al ejército a la marcha, para alertar a los justos a arrepentimiento, para anunciar el Shabbat y un nuevo mes y mucho más. A pesar de que las Sinagogas Judías Ortodoxas no tocan el shofar en el Shabbat semanal, reservándolo para tiempos determinados, ¡las congregaciones Mesiánicas tienden a tocar el shofar mucho más libremente!

El sonido del shofar para llamar al pueblo de Dios a congregarse esta establecido en **Levítico 23** y confirmado en **Hebreos 10:25.** El shofar tiene para nosotros hoy en día un gran significado mesiánico. Su sonido se escuchara anunciando la segunda venida del Mesías que despertara a los muertos, llamando a ellos y a los que estén vivos a encontrarse con Yeshua en el aire. [3]

Oración Litúrgica

Cada Shabbat nosotros recitamos algunas de las oraciones antiguas que Yeshua, los apóstoles y los primeros creyentes dijeron, mayormente cantadas, cuando ellos adoraban en la sinagoga. Estas oraciones litúrgicas son, ya sea citas enteramente de las Escrituras, o basadas en temas similares de pasajes de las Escrituras. En su Seder de Pascua, Yeshua y los discípulos cantaron los Salmos litúrgicos tradicionales para el servicio. Yeshua les enseño a sus discípulos una oración litúrgica comúnmente llamada "El Padre Nuestro" que se caracteriza por el pronombre colectivo "nuestro," "nos" y "nosotros." Oración corporativa enfatiza "nosotros" mientras que las oraciones personales reflejan peticiones individuales, y las dos son importantes en la vida de oración de uno.

En **Hechos 3:1,** los apóstoles continuaban reuniéndose en el Templo para decir las oraciones. Las oraciones litúrgicas es la forma en que los creyentes afirman su identidad como parte del cuerpo del Mesías; él no está parado a la distancia [4]. Las oraciones litúrgicas de tiempos antiguos, tal como la Canción de Moisés, será cantada en la eternidad, [5], y algunos de los Salmos eran las oraciones establecidas en tiempos específicos en el servicio del Templo.

Las mismas oraciones antiguas son recitadas el día

3. 1 Tesalonicenses 4:16

4. Gálatas 2:12; 1 Corintios 12

5. Apocalipsis 15:3

de hoy en las sinagogas alrededor del mundo con un gran sentimiento y solidaridad. Algunas de estas oraciones son el Shema (Escucha, Oh Israel/ el Gran Mandamiento), y la Amidah/Shmonei Esrei (Oración de Pie). Estas oraciones son importantes porque Yeshua y los discípulos las modelo y nos hace recordar a nosotros de bendecir, confesar y agradecer a nuestro Padre por lo que ha hecho por cada uno de nosotros a través de Yeshua. En estas oraciones, no hay lugar para traer atención hacia nosotros, solamente de bendecir y exaltar a Dios.

El Shema está basado en **Deuteronomio 6:4-5**, el Gran Mandamiento. Nosotros reconocemos la soberanía de Dios, Su reinado, y gustosamente aceptamos sus mandamientos y su pacto de la misma forma la responsabilidad de amar a nuestro prójimo: *"Escucha, Oh Israel: El Señor nuestro Dios el Señor Uno es, y amaras al Señor tu Dios con todo tu corazón y con toda tu alma y con todas tus fuerzas..."* Cuando a Yeshua se le pregunto cuál era el mayor mandamiento, el cito el Shema y el mandamiento de Levítico de amar a tu prójimo, de allí que en muchas congregaciones Mesiánicas, la frase "Amaras a tu prójimo como a ti mismo" es añadida al final del Shema.

La Amidah para el Shabbat es una oración congregacional del Sidur (Libro de Oración); cuyas partes datan desde los días de Esdras. La Amidah es el marco de referencia para la oración que se hace tres veces al día [6] en una semana regular. Una forma modificada de la Amidah se ora en Shabbat y en las días festivos, y típicamente la congracian se voltea dirigiéndose a Jerusalén. Si quieres saber más de porque nos volteamos hacia Jerusalén, ve a la parte de Preguntas Frecuentes de este librete.

La tradición Judía fomenta a los devotos de dar tres pasos hacia atrás y luego tres pasos hacia adelante, que simbólicamente es admitir que uno está caminando hacia la presencia de Adonai. El líder de oración te lo pedirá. *De Pie con Israel: Casa de Oración Para todas*

6. 9 a.m., 3 p.m. y después de ponerse el sol.

las Naciones es un libro que explica la oración diaria Hebrea y su implicación profética con más detalles.

En muchos libros Mesiánicos de oración para el Shabbat, el texto Hebreo es puesto junto con el texto en Español y posiblemente una transliteración, para poder leer con entendimiento. El Sidur puede ser considerado como una combinación entre libro de oración y cancionero, ya que la mayoría de las oraciones son cantadas. El Sidur está lleno de pasajes de las Escrituras. Como por ejemplo, una de las porciones de la Torah [7] Va'etjanan (Deuteronomio 3:23 – 7:11), añade lo siguiente a la oración diaria y de Shabbat del Sidur:

- 4:4 es recitado inmediatamente antes de la lectura de la Torah.
- 4:39 se encuentra en la oración Aleinu del Shabbat.
- 4:44 es recitado en la congregación cuando el Rollo de la Torah es sostenido hacia arriba después de la lectura.
- El Capítulo 5 enumera los Diez Mandamientos, también incluido en el Sidur diario.
- 6:4-9 es el Shema y el Ve'ahavta, que se oran dos veces al día.
- 6:4-9 contiene la Escritura que es la razón fundamental para el uso de artículos como la mezuzah (mandamientos en los postes de las puertas) y los tefillin (filacterias).
- 6:21 se encuentra el orden del servicio tradicional de la Pascua.

7. La "Porción de la Torah" es también llamada sidra semanal o parashah. En las sinagogas la Torah es leída anualmente en porciones cronológicas, de tal manera que todos los Judíos alrededor del mundo leen la misma sección de la Torah y los Profetas cada semana hasta que toda la Torah es leída.

Preguntas sobre las oraciones Hebreas son frecuentes entre los no-Judíos que empiezan a ver a Yeshua en la Torah; ellos saben que no tienen que volverse Judíos, por tanto, ¿cuánta tradición es necesaria? Es perfectamente entendible que seamos cautelosos cuando se trata de cambiar algunas tradiciones por otras sin evaluar el propósito, origen, y el fundamento Bíblico.

Empieza con el entendimiento que si tu participas o

no en las oraciones colectivas Hebreas, no afecta la salvación o el estar bien delante de Yeshua. Será más probable que afecte la relación de uno, con nuestros hermanos y hermanas en Yeshua el Mesías. Ponerte de pie con alguien es orar con él o con ella.

Es importante plantear si la oración colectiva tiene valor entre los creyentes en el mundo moderno. Colectivas, o litúrgicas las oraciones son oraciones dichas o cantadas corporativamente, tal como las canciones litúrgicas y oraciones de los Salmos. Esta práctica es común en casi todas las iglesias, y no debe producir temor. Después de todo, si uno atiende a una iglesia típica, y el líder de alabanza anuncia que la primera canción es "Increíble Gracia," entonces todos cantan "Increíble Gracia." Cada individuo no empieza a cantar su canción preferida del Himnario!

La oración colectiva realza la hermandad y promueve una experiencia más unida y compartida. Es tal vez cuando estas oraciones que involucran movimiento corporal colectivo, en vez de solamente cerrar los ojos y bajar la cabeza que provoca miedo a los no-Judíos.

Es bien sabido que los seres humanos temen lo que no pueden entender. Si bien, aprendiendo sobre el trasfondo y significado Bíblico de las oraciones Hebreas puede remover el temor de "vanas repeticiones," el miedo a un lenguaje nuevo puede permanecer.

Por cuanto los Judíos han guardado y protegido la Torah y el Shabbat por miles de años, hasta con sus propias vidas, los privilegios y las obligaciones han dependido de ellos, tal como Pablo lo reconoce:

> ...de mis hermanos, los de mi propia raza, el pueblo de Israel. De ellos son la adopción como hijos, la gloria divina, los pactos, la ley, el privilegio de adorar a Dios y el de contar con sus promesas. De ellos son los patriarcas, y de ellos, según la naturaleza humana, nació Cristo, quien

> es Dios sobre todas las cosas. ¡Alabado
> sea por siempre! Amén.
> **(Romanos 9:3-5)**

Goble explica, "Los eruditos modernos como Bousset, Oesterley, Baumstart y Werner han demostrado que la comunidad Mesiánica primitiva funciono litúrgicamente muy parecida a la Sinagoga." (p. 28) La iglesia primitiva era completamente Judía, porque esto fue el plan de los Cielos.

Si a un grupo de personas se les fue dado el cetro desde el recibimiento del Pacto, entonces algunas de las naciones (etnos) que adoran al Dios de Abraham, Isaac y Jacob serán Judías. Si uno atiende a una Sinagoga Mesiánica Judía, él o ella debe esperar este tipo de culto; Yeshua no cambio las oraciones del Templo o el tiempo del culto, ni tampoco se espera que los recién llegados "arreglen" el estilo de culto que ellos todavía no entienden. En una congregación Mesiánica no-Judía, uno puede encontrar una mezcla de las costumbres de la iglesia o sinagoga.

El culto Evangélico Cristiano es muy probable que sea algo muy remoto para un Judío que siempre a adorado en una Sinagoga. Lo que un Cristiano entiende por el mover del Espíritu Santo, un Judío puede identificarlo como una corriente de música soul que depende de los sentimientos para funcionar. Para el Judío, las oraciones silenciosas de la Amidah están sintonizadas para escuchar al Espíritu en una "quieta y pequeña voz." [8] Las dos reflejan cultura, y cada una se esfuerza por establecer una relación con el Cielo.

Absorber la belleza de las costumbres del culto que experimento Yeshua puede ser grandioso, íntimo y placentero. La oración litúrgica no es tan rígida como parece. A pesar de que Cristianos Ortodoxos están acostumbrados a la oración litúrgica, los evangélicos lo pueden ver simplemente como oraciones repetitivas.

8. 1 Reyes 19:1-12

> Y orando, no uséis vanas repeticiones,

como los gentiles, que piensan que por su palabrería serán oídos.
(Mateo 6:7)

En un texto interlineal Griego, no hay una palabra correspondiente a la palabra traducida como "vana." Es la palabra para "repetición" la que está en el texto Griego y significa repetir una y otra vez. Si Yeshua hubiera dicho: "No oren lo mismo una y otra vez," y eso fue todo lo que dijo concerniente a repetición, entonces el estaría manifestando algo en contra del modelo Bíblico en los Salmos, donde las frases son frecuentemente repetidas para énfasis, tal como "Porque para siempre es Su misericordia."

Yeshua, sin embargo, explica completamente lo que él quiere decir en el contexto del verso. Él dice que una (vana) repetición es pensar que Dios te va a escuchar simplemente porque tú acumulas un montón de palabras en la oración. Quizás el Repetidor hasta piensa que los hombres escuchen sus palabras y piensen que él es un piadoso, que solo sirve para su propio ego, no a Dios. Los maestros de español llaman a esto "relleno," y ocurre cuando un estudiante tiene poco por decir, pero el añade un montón de palabras para hacer que su composición parezca más larga del real contenido. La cura para esto es advertir al estudiante que el tendrá que pagar $1 por cada palabra innecesaria. Puede ser inaplicable, pero envía el mensaje, especialmente ¡cuando el maestro le pase la "cuenta" junto con el grado o le reste la cuenta al grado!

Aunque Yeshua señalo a los paganos como los culpables de las oraciones supersticiosas, en la antigüedad, también había Judíos apostatas que creían en un doble poder. Estos apostatas "siempre repetían ciertas palabras en sus oraciones; y ellos (los rabinos) emitieron advertencias a aquellos que leían el texto empezando desde la última palabra hasta la primera, probablemente por razones de carácter de magia." (Galli, 1950. p. 135)

Tomándolo en contexto, Yeshua nos está advirtiendo de no usar oraciones repetitivas como fórmulas mágicas o como falsa piedad. Compara **Mateo 6:7** con **Lucas 18:1-8,** que describe balanceadamente el rol de la repetición en la oración. La oración debe de ser relacional, no un discurso bien preparado para elogios, y hasta la oración diaria debe de ser orada con *Kavanah* o pasión.

Una mala concepción de la oración Judía está basada en una limitada observancia o educación sobre el culto Judío. En una clase que esta autora atendió, un rabino dijo a la clase que la persona que repite una oración está repitiendo una vana oración. Esto es consistente con el miedo que muchos no-Judíos que visitan una congregación Mesiánica y ven a la gente orando de un libro de oración. Por tanto ¿Qué fue lo que quiso decir el rabino? El rabino continúo explicando el punto de vista Judío de orar oraciones arregladas. A pesar que la misma oración es repetida tres veces al día, la persona es cambiada por la oración, ¡así es que ellos ya no son los mismos! ¡Simplemente repetir las palabras cada día es no aceptable!

La oración implica juzgarse a sí mismo de acuerdo al criterio de la Palabra incluida en aquellas oraciones, y la persona que ora con sinceridad es cambiada por la Palabra. La Escritura es releer durante la vida de una persona, y nunca llega a ser aburrida, porque cada vez que la Escritura es leída nuevamente, la persona ha crecido no solo cronológicamente sino espiritualmente. El descubre nuevas verdades cada vez que lee el mismo pasaje nuevamente. La oración es como esto. Los creyentes son transformados por el Espíritu, así es que cuando uno repite las peticiones y alabanzas anteriores, las oraciones no son nuevas, pero son completamente renovadas en nosotros!

9. Pronunciar rápidamente, juntando la t y la f suena: tfilah.

Desde la perspectiva Judía como explicó el Rabino Tatz, la oración (tefillah) [9] es el proceso de cambiar uno mismo. Aunque algunas de las oraciones parezca una lista de compras diarias de golosinas, esa única solicitud del Padre, es a través del proceso de la oración que el juzgarse a sí mismo en "hitpallel" [10] ocurre. Es muy posible que uno pueda hacer las oraciones simplemente como una lista de deseos, pero el punto de la oración es que uno se pueda juzgar en relación a aquellas peticiones. Si el Padre concedió esto, ¿lo usare para El o para mí? ¿Me enriqueceré yo o enriqueceré el cuerpo del Mesías?

Puesto que esto es un proceso interno, solamente el Espíritu Santo puede discernir si el alma está siendo transformada en la oración. El Rabino Tatz declaro en una conferencia, "si tu balbuceas algunas palabras, no tienen ningún efecto... tú tienes que trabajar en ti mismo para ser alguien que no eras antes. Tu sacrificas la persona que eras antes." Puesto que ahora nosotros traemos los "terneros en nuestros labios" en vez de los sacrificios del Templo, las palabras reflejan a la persona que nosotros queremos ser, desvaneciendo la desobediencia en las cenizas en el altar. Por cuanto el alma se ha subordinado a la voluntad del Padre, entonces el resultado será satisfactorio a Su voluntad.

> **Las oraciones no pueden cambiar el *pasado*. Cambiando la *persona*, las oraciones cambian el *futuro*.**

10. Hit-pah-lel: "Juzgarse a uno mismo." La oración en el Hebreo es examinarse a uno mismo; el publicano que Yeshua comparo con el Fariseo era el cual estaba orando de acuerdo a la definición de la oración; el Fariseo no se estaba juzgando a sí mismo, sino comparándose a sí mismo con otro.

Un minucioso examen de los antiguos o modernos textos Judíos sobre la oración produce un enfoque coherente de la oración como una de kavanah [11]. Mientras que para un extraño las oraciones puedan parecer como

11. Orientado, pasión intencional y sinceridad.

una rutina desapasionada, ningún Judío ha sido instruido de orar desapasionadamente. Es posible que cualquier individuo, Judío o Gentil, pueda orar oraciones de rutina, con todo, juzgar la pasión o la sinceridad de la oración desde la observancia exterior es un error.

> *Nuestros sabios nos enseñaron que hay dos niveles de oración: Oraciones regulares, las cuales se encuentran en el Sidur y que son dichas en ciertos tiempos por los Judíos alrededor del mundo; Y peticiones, que son oraciones del corazón que cada individuo compone él/ella cuando siente la necesidad. El Sidur contiene oraciones tradicionales como también nuevas. Algunas fueron compuestas cientos de años antes y algunas en años recientes. El Sidur también contiene canciones, lecturas y preguntas para inspirar la oración individual. El Sidur pretende ayudar a alguien que ora a incorporar las dos clases de oraciones. (El Mundo de Oración, Preparando para la Oración, Vol. 1 para grados 3-6. Jerusalén: KLN)*

Desde que el niño Judío es educado en la oración, la intención no es que descuide las oraciones del corazón en favor de las oraciones corporativas. Ambas son enseñadas y fomentadas. ¿Cuántas familias no-Judías le enseñan a un niño de ocho años la importancia y el proceso de la oración a tal profundidad? Una invitación a apreciar o emplear oraciones Hebreas no es una invitación a una tradición vacía; porque conecta al creyente con el pasado y puede ser un plano para crecimiento futuro.

Oraciones y Salmos en Hebreo

La oración Hebrea está en un idioma extranjero, por lo que al principio parece extraño a una persona de habla Hispana. Sí, es un idioma extranjero, pero en Hebreo, la palabra (*davar*) es la cosa (*davar*) y el lenguaje de la Creación. Es el lenguaje del mensaje más importante de Adonai a la humanidad. En otros idiomas, la palabra es simplemente una etiqueta que corresponde a la cosa. En Hebreo, ¡la palabra es la cosa! Esto puede sonar misterioso, pero las palabras Hebreas están hechas de pictogramas que cuentan la historia de la esencia de la palabra y su significado para el hombre. Es el Hispano parlante el que habla un lenguaje extranjero a las páginas originales de las Escrituras, y esto explica porque tantas traducciones en Español son hechas para "hablar en una lengua conocida."

Aunque uno no necesita hablar Hebreo para ser salvo o estudiar las Escrituras, la habilidad de estudiar en el Hebreo sin duda mejora la experiencia. Los Salmos que fueron designados para la oración corporativa y extendida a todos los eventos de la vida, tiene una característica única que acentúa la estructura y ayuda a la memorización para la recitación en la Sinagoga, Templo, Congregación u oración personal. El **Salmo 119** esta fracturado en categorías temáticas numerales de acuerdo a las letras Hebreas.

El **Salmo 145**, el *Ashrei*, es una canción fácilmente memorizada si se usa las letras Hebreas acrósticas. Para poder usar esta ayuda de memoria acróstica, no obstante, la oración tiene que ser cantada en Hebreo, no en Español. El Ashrei incluye la declaración, "cada día te bendeciré." ¿Acaso Él se cansa de ser bendecido? Otra línea del Salmo es "Se proclamara la memoria de tu inmensa bondad y se cantara…" ¿De nuevo?

El Salmista reconoce la importancia de la repetición en las oraciones. Sea que nosotros lo encontremos aburrido o no, no es el punto. Si es Su voluntad y Su modelo en asuntos de oración, y las letras Hebreas ayudan a fijar el concepto en el alma de uno, ya que orar es orar con el Espíritu (*Ruaj*). El Espíritu no depende de un sentimiento de orar las Palabras de las Escrituras en un día cualquiera; el Espíritu entiende "está escrito," y orando los Salmos está escrito. Es el alma (*nefesh*) la que está siendo tratada en la oración, porque el Espíritu naturalmente llega a conectarse con su fuente, el Espíritu Santo (*Ruaj HaKodesh*).

Modales

Gran cuidado se le ha dado al Siddurim [12] porque ellos están llenos de la Escritura. De hecho, los Rollos de la Torah viejos no son botados, ¡sino enterrados! A los Siddurim también se les ha dado una gran consideración y son tratados con extrema sensibilidad. Un Judío nunca pondría un Siddur o una Tanak (Biblia) en el suelo o le pondría otros objetos encima. La Palabra de Dios en su forma Escrita se le ha dado gran respeto. Esta es una excelente lección objetiva de como el Cuerpo del Mesías debe tratar el uno al otro, en el cual la Palabra de Dios es llevada. Se nos ha instruido a saludarnos uno al otro con un "beso santo." [13]

De la misma forma, un Judío puede besar la cubierta de su Siddur al sacar él o ella su Siddur o al concluir las oraciones. Si accidentalmente el Siddur se cae al suelo, el dueño lo recogerá rápidamente, le sacudirá el polvo, y lo besara en señal de respeto. A la mente Occidental, esto puede ser visto raro, pero en el Medio y Cercano Oriente, besar algo sigue siendo señal de respeto o valor. Cuando dos conocidos se encuentran, ellos se besaran cada lado de la cara del otro en el saludo.

Nuevamente, aunque no es acostumbrado en países Occidentales, la Biblia y las oraciones Hebreas nacieron en el contexto de Israel y el Judaísmo antiguo; por lo tanto, las costumbres asociadas son de aquella cultura. La costumbre no debe de ser vista etnocéntricamente, sino puesta en su contexto cultural en el cual un beso denota valor, no idolatría.

En un nivel práctico, si los no-Judíos participan con sus hermanos y hermanas Judíos en la oración, sería una consideración si ellos no pusieran las Biblias o libros de oración en el suelo o poner objetos sobre ellos. Hacer esto enviaría un mensaje erróneo de falta de respeto a

---

12. Plural de Siddur.

13. Romanos 16:16; 1 Corintios 16:20; 2 Corintios 13:12; 1 Tesalonicenses 5:26

la Palabra de Dios.

Es tan bien un buen habito de adquirir, porque puede funcionar como el objeto de una lección para enseñarle a los niños la autoridad de la Palabra de Dios y su importancia en nuestras vidas.

Ponerse de pie durante la oración es una señal de respeto; el único asiento en el Templo era el asiento de juicio de Adonai. Sentarse cuando otros están parados para orar envía un mensaje silencioso o juicio negativo o falta de respeto por los que están orando. Es igualmente una falta de respeto dejar la habitación o retirarse a la puerta.

Bendiciones

Aunque parezca que todo implica una bendición en un servicio Mesiánico de Shabbat, ¡Si lo es! En la semana de la Creación, Adonai separo el Shabbat en tres formas fundamentales **(Génesis 2:2-3):**

    a. El descanso
    b. Él lo bendijo
    c. Lo santifico (lo hizo santo)

Los servicios de Shabbat también deben caracterizarse

por estas tres cosas.

Descanso es la cesación de trabajo creativo, y para estudio adicional, se sugiere hacer una búsqueda en la concordancia Strong de las diferentes palabras para "trabajo" en las Escrituras para verlas en su contexto y compararlas. En la congregación local, "descanso" es posible cuando uno "cocina lo que tiene que cocinar y hierves lo que tienes que hervir" **(Éxodo 16:23)** antes del Shabbat. Si es necesario nosotros mantenemos esos alimentos calientes o calentamos la comida cocinada. Ollas eléctricas o estufas son ideales para mantener la comida caliente en el Shabbat.

Bendecir el Shabbat es el segundo componente fundamental, y los devotos dicen bendiciones sobre cada parte del servicio para reflejar la actividad del Padre del Sábado. Hay bendiciones en las oraciones, en las canciones, en la lectura de las Escrituras, bendiciones sobre el pan, frutas, sobre el fruto de la vid, bendiciones sobre los niños, bueno… ¡Bendiciones sobre todo! ¿No es maravilloso tener un día sagrado donde tú escuches lo opuesto de las palabrotas que asaltan tu oído en tu lugar de trabajo, las calles y otros lugares que visitamos durante la semana?

Descansando y bendiciendo el Shabbat, los creyentes reflejan la acción final de Elohim: nosotros hacemos santo el día en nuestra propia elección, con esfuerzo y con amor. Aunque El ya haya hecho ese día santo, la pregunta es, "¿Lo hare yo?" ¿La Creación seguirá su Palabra, "Se santo porque Yo soy santo?" Santidad no es solamente ser apartado, es ser apartado con el fin de ser reunidos de acuerdo a su misma clase y de acuerdo a su misma mente, para que toda la Creación pueda reflejar la santidad del Cielo arriba. Así es como Yeshua enseño a sus discípulos a orar, "Hágase Tu voluntad en el Cielo como en la Tierra." Santidad es la imitación de la voluntad Divina, y esto debe caracterizar cada Shabbat.

Alabanza Davídica – Canción y Danza

Las canciones de alabanza de estilo mesiánicas usualmente son basadas en los Salmos u otras Escrituras. Algunas congregaciones puede ser posible que incluyan canciones de alabanza y adoración Cristianas modernas. Instrumentos musicales y canticos ha sido siempre parte integral de la adoración al Santo de Israel:

> *Estos fueron los cantores que David nombró para el Templo del Señor, desde que se colocó allí el arca. Ellos ya cantaban en la Tienda de reunión, delante del Santuario, antes de que Salomón edificara el Templo del Señor en Jerusalén. Luego continuaron su ministerio según las normas establecidas.*
> **1 Crónicas 6:31-32**

> *David les ordenó a los jefes de los Levitas que nombraran cantores de entre sus parientes para que entonaran alegres cantos al son de arpas, liras y címbalos.*
> **1 Crónicas 15:16**

Junto con la música y los canticos, algunas congregaciones tienen danza Hebrea. La danza pueda ser vista por toda la Escritura. La danza debe hacerse con decencia, con modestia y decoro, y con el corazón y la actitud de alabanza. **Eclesiastés 3:4** nos dice que hay: *"Un tiempo de llorar, y tiempo de reír; tiempo de lamentarse, y tiempo de danzar."*

El profeta Jeremías habla de un tiempo cuando *"la virgen se alegrará en la danza, y los jóvenes y los ancianos a una; cambiaré su duelo en gozo, los consolaré y los alegraré de su tristeza."* **(Jer 31:13)**

Compartiendo la Revelación

> *¿Qué concluimos, hermanos? Que, cuando se reúnan, cada uno puede*

> *tener un himno, una enseñanza, una revelación, un mensaje en lenguas, o una interpretación. Todo esto debe hacerse para la edificación de la iglesia. Si se habla en lenguas, que hablen dos —o cuando mucho tres—, cada uno por turno; y que alguien interprete. Si no hay intérprete, que guarden silencio en la iglesia y cada uno hable para sí mismo y para Dios. En cuanto a los profetas, que hablen dos o tres, y que los demás examinen con cuidado lo dicho. Si alguien que está sentado recibe una revelación, el que esté hablando ceda la palabra. Así todos pueden profetizar por turno, para que todos reciban instrucción y aliento. El don de profecía está bajo el control de los profetas, porque Dios no es un Dios de desorden, sino de paz.*
> **1 Corintios 14:26-33**

Algunas congregaciones hasta le dan la oportunidad a alguna persona que guiado por el Espíritu y su don pueda edificar al Cuerpo del Mesías. Nosotros creemos que Pablo no prohibió a las mujeres de usar su don espiritual en público en **1 Corintios 14:35,** sino que se estaba dirigiendo a un problema específico dentro de la congregación de los Corintios donde algunas mujeres estaban interrumpiendo haciendo preguntas en el tiempo inapropiado. Algo causo en ellos a no "callar," que ya de por si era interrupción, sea un hombre o mujer el que interrumpió el servicio.

La historia nos provee alguna perspectiva, y explica porque algunas mujeres no tenían experiencia en una Sinagoga o en una reunión de creyentes. Hasta en los 1,900, mujeres en el Medio Oriente no se les enseñaba a leer. Regularmente se casaban entre los doce y catorce años, y se quedaban en casa con los niños mientras que sus esposos iban a la Sinagoga para la oración, lectura de las Escrituras y una lección en la porción semanal de la Torah. Los esposos al regresar enseñarían la lección del rabino a su esposa e hijos. No es de sorprenderse que mujeres, que no habían tenido antes una experiencia en la Sinagoga, hubieran causado un alboroto cuando trataron de participar y vieron lo que estaba sucediendo.

Si Pablo estaba prohibiendo a todas las mujeres de hablar en una reunión pública, entonces se estaría contradiciendo a sí mismo en **1 Corintios 11:5,** donde él dice: *"En cambio, toda mujer que ora o profetiza..."* ¡uno no se puede mantener en silencio y profetizar a la misma vez! Otros pasajes de las Escrituras dice que las mujeres hablaran y glorificaran a Dios: *"Y en los postreros días, dice Dios, Derramaré de mi Espíritu sobre toda carne, Y vuestros hijos y vuestras hijas profetizarán"* (**Hechos 2:17; Joel 2:28**). *"El Señor da la palabra; las mujeres que anuncian las buenas nuevas son gran multitud..."* (**Salmo 68:11**). Otro caso de mujeres profetizando lo encontramos en **Hechos 21:8-9:** *"Felipe el evangelista... este tenía cuatro hijas vírgenes que profetizaban."* La voz de la mujer es vital para el Cuerpo del Mesías, y es muy querida por el Padre.

Bendiciendo a los Niños

Los niños son llamados a juntarse bajo el Tallit (manto de oración) para ser bendecidos. La bendición para los niños es "Que Adonai te haga como Efraím y Manases," y la de las niñas es "Que Adonai te haga como Sarah, Rebeca, Raquel y Leah."

Procesión de la Torah

Tan preciosa como una Toráh es para una congregación, no se puede comparar al gozo que tenemos en nuestro Mesías Yeshua, quien ES la Palabra hecha carne que habito con nosotros. Por esta razón, la congregación caminara en una procesión siguiendo esta representación de la Palabra de Dios acompañada de música, shofares, danza, estandartes, banderas, tamborines y cualquier otro instrumento de alabanza y adoración. ¡Lleva tu propia Biblia si tienes una! Si tú nunca antes has experimentado alabanza en procesión, puedes encontrar el modelo en los Salmos de Ascensión, la procesión de David con el Arca del Pacto y la entrada triunfal de Yeshua a Jerusalén. ¡Disfrútala!

En muchas congregaciones, una persona cargará el Rollo de la Torah a través de la congregación. Podrás ver que algunas personas tocan el Rollo con las esquinas de sus Tallit y besan las orlas (*tzitzit*) con cariño y otros tal vez tocan el siddur (libro de oración) al Rollo y besan el siddur para expresar su afecto por la Palabra de Dios.

Es aceptable y de mucho respeto mantenerse de pie y cantar o aplaudir mientras que la Palabra de Dios va delante de nosotros. En la conclusión de la procesión, el Rollo es desenrollado si un lector va a leer el texto Hebreo del Shabbat. Si no, el Rollo se mantendrá cubierto y la porción de la Torah se leerá en español.

Algunas personas tocan con sus dedos el Rollo de la Torah y luego besan sus dedos durante la precesión, y se apartan del Rolllo retrocediendo. Besarse como saludo cariñoso es sin duda algo más que una costumbre del Antiguo Cercano/Medio Oriente que paso al servicio de la Sinagoga Americana como una señal de afecto a la Palabra de Dios. Sin embargo, en el Israel moderno, todavía es costumbre de saludar a un amigo o algún miembro de la familia intercambiando un breve beso en ambas mejillas. Tocando el Rollo de la Torah y trayéndolo a tu boca es también un acto simbólico de afecto por la Palabra de Dios. Por lo menos cuatro veces el Rey David exclama en el **Salmo 119,** "¡Cuanto amo tu Torah!"

Algunas veces nos hemos reído de ver a una persona que había perdido un objeto importante y lo beso con alegría cuando lo encontró, pero para la persona que encontró ese objeto precioso, ¡Que le importa si alguien se ríe! Nosotros también estamos recobrando la Torah en nuestra generación, una cosa preciosa que estaba perdida.

Algunas personas ni siquiera le dan la espalda al Rollo como otro acto simbólico. Si nosotros simbólicamente seguimos la Palabra de Dios en nuestra procesión como una señal de nuestra intención de seguirla con todo nuestro corazón, entonces simbólicamente no le damos la espalda a su Palabra. La intención de nuestro corazón es respetar siempre la Palabra. De hecho, uno de los siete Espíritus de Dios enumerados en Isaías es *Yirat Adonai* o La Reverencia de Adonai.

Hoy en día en Israel, se ve algo similar en el Kotel (Muro de los Lamentos). Cuando los Judíos terminan sus oraciones, ellos no se limitan a dar la espalda y marcharse, ellos retroceden hasta cierto punto antes de voltearse del antiguo sitio del Templo como señal de reverencia por la Presencia de Adonai. Como recordatorio, puede haber un cartel en el frente del santuario que dice, "Reconoce Delante de Quien estas Parado." El cariño familiar de un beso esta balanceado con la reverencia propia por la Presencia de Adonai.

Aunque puedas ver muchos actos simbólicos como también símbolos Cristianos y Judíos en una Congregación Mesiánica, el gran Rabino Abraham Heschel dijo, "Símbolos son innecesarios: El Shabbat por sí mismo es el símbolo." "Los símbolos simplemente hacen recordar al creyente la santidad del día."

Leyendo la Torah, Haftorah y el Brit Jadashah

Cada Shabbat hay una lectura pública de las Escrituras: La *Torah* (El Libro de Moisés/Ley) la *Haftorah* (Libros de los Profetas) y el *Brit Jadashah* (El Pacto Renovado). Los Mesiánicos leen los pasajes seleccionados de la Torah y los Profetas cada Shabbat de la misma forma que era hecho en los días de Yeshua. Esta lectura seleccionada es llamada *Parashah*. Adicionalmente los Mesiánicos también leen del Nuevo Testamento (Pacto Renovado).

Leer de las Escrituras en un calendario establecido es una costumbre antigua. Yeshua atendía a la Sinagoga y leyó de la Escritura seleccionada en voz alta en **Lucas**

4:16-17, *"...y un sábado entró en la sinagoga, como era su costumbre.* **Se levantó para hacer la lectura.** *Y le entregaron el libro del profeta Isaías."* No fue por casualidad que el rollo era el Libro de Isaías. Una porción de Isaías era la lectura del calendario que correspondía a ese Shabbat.

La lectura pública de las Escrituras se remonta a los tiempos de Moisés cuando el mando al pueblo que la leyeran en alta voz en una reunión religiosa (**Deuteronomio 31:11-12**). En **Nehemías 8:8**, Esdras enfatiza nuevamente la lectura pública, *"Ellos leían con claridad el libro de la ley de Dios y lo interpretaban de modo que se comprendiera su lectura."* Tanto Judíos Mesiánicos como Gentiles se esperaba que asistieran a la Sinagoga a "escuchar a Moisés," ya que **Hechos 15:21** documenta la expectativa de que todos seguirían la tradición a fin de escuchar las Escrituras; solamente las familias ricas podían permitirse el lujo de tener un Rollo de la Torah, Profetas o los Escritos (incluyendo los Salmos). Si físicamente tu puedes, mantente de pie durante la lectura de la Torah ya que ese fue el diseño de respeto que se estableció en el libro de Nehemías.

En **Hechos 13:14-16**, Pablo, como era su costumbre con sus compañeros, iba *"...El sábado entraron en la sinagoga y se sentaron. Al terminar la lectura de la ley y los profetas..."* Pablo participa en el servicio tradicional de Shabbat, y el exhorta a Timoteo: *"En tanto que llego, dedícate a la lectura pública de las Escrituras, y a enseñar y animar a los hermanos"* (**1 Timoteo 4:13**). La Escritura referida aquí es el Antiguo Pacto (*Tanak*). El Pacto Renovado (Nuevo Testamento) como es ahora no fue reconocido por la Iglesia hasta el año 367 D.C.

¿Hay más razones por la que los creyentes deben leer la Torah y los Profetas en el Shabbat? En **Hechos 15**, los apóstoles se reunieron para debatir de los nacidos Gentiles que dejaban el paganismo para seguir a Yeshua:

> *Por lo tanto, yo considero que debemos*

dejar de ponerles trabas a los gentiles que se convierten a Dios. Más bien debemos escribirles que se abstengan de lo contaminado por los ídolos, de la inmoralidad sexual, de la carne de animales estrangulados y de sangre. En efecto, desde tiempos antiguos Moisés siempre ha tenido en cada ciudad quien lo predique y lo lea en las sinagogas todos los sábados.
Hechos 15:19-21

La deducción era que los no-Judíos aprenderían el resto y se les enseñaría de cómo ser santo y agradable a Dios atendiendo a la Sinagoga cada semana y escuchando la Palabra de Dios siendo leída en alta voz.

Mensaje de la Torah

Un anciano, pastor o líder enseñaría un mensaje de la lectura de las Escrituras. Alternativamente, algunas congregaciones prefieren un *"midrash"* donde una persona facilita el estudio, y otros participan en la discusión del texto.

Orando por los Enfermos

Santiago 5:14-15 *"¿Está enfermo alguno de ustedes? Haga llamar a los ancianos de la iglesia para que oren por él y lo unjan con aceite en el nombre del Señor. La oración de fe sanará al enfermo y el Señor lo levantará. Y, si ha pecado, su pecado se le perdonará."* Si tú necesitas oración, por favor pídeles a los ancianos que oren por ti.

Bendición Aarónica

Un anciano puede bendecir la congregación de acuerdo al modelo de las Escrituras. Por favor levántate durante la bendición y cierra o evita mirar directamente al que está dando la bendición, ya que es Adonai el que realmente está bendiciendo.

Bendición sobre el Kiddush

Esta copa de vino es llamada "la copa de la santificación." Nosotros le damos gracias a Él quien santifica el Shabbat y creo todas las cosas. Nosotros le damos las gracias a Él por el gozo que nos da simbolizado por *"el vino que alegra el corazón del hombre"* (**Salmo 104:15**). La bendición es "Bendito Eres Tú, Oh Adonai nuestro Dios, Rey del Universo, que creo el fruto de la vid." Yeshua es la Vid.

Bendición sobre el Pan

Esta bendición es una tradición del Shabbat que nos recuerda la experiencia de Israel en el desierto cuando en el sexto día Dios les proveía doble porción para que ellos pudieran descansar de su labor y honrarlo a Él en el séptimo día. Es una celebración del amor de Dios demostrada en Su provisión en nuestras vidas. La bendición es "Bendito Eres Tú, Oh Adonai nuestro Dios, Rey del Universo, que haces salir el pan de la tierra." El Pan que fue levantado de la tierra fue el Pan que fue enviado del Cielo que resurrecto de los muertos, nuestro Rey Yeshua el Mesías.

Canción de Clausura

Algunas congregaciones pueden cerrar con una canción tradicional, como la Oración del Shabbat del "Violinista en el Tejado."

Oneg (delicia) del Shabbat

Después del servicio se comparte el pan en muchas de las comunidades. En el Judaísmo, este tiempo fue instituido para cumplir **Isaías 58:13-14**, *"…si llamas al Shabbat delicia, y al día santo del Señor, honorable… entonces hallarás tu gozo en el Señor."* Esperamos que tomes el tiempo no solo para comer, sino para hablar de las Escrituras y hacer preguntas.

Bendición después de las Comidas

La bendición para la comida del Shabbat es única, y es un Salmo/Canción de Ascensión. La segunda bendición es solo la primera de varias que se pueden hacer seguidamente de la comida. La bendición es hecha después de la comida porque sigue el modelo de **Deuteronomio 8:10:** *"Cuando hayas comido y estés satisfecho, alabarás al Señor tu Dios por la tierra buena que te habrá dado."*

Ofrenda

En algunas congregaciones se toma la ofrenda tradicional. En otras congregaciones, una caja puede estar disponible y a cierta hora en el servicio, la congregación puede traer su ofrenda y depositarla en la caja. Y hasta en otras congregaciones, una caja de *tzedakah* (caridad) está localizada en algún lugar del santuario. Siéntete en libertad de depositar allí una ofrenda o diezmo, como **Gálatas 6:6** nos recuerda, *"El que recibe instrucción en la palabra de Dios comparta todo lo bueno con quien le enseña."* Le recomendamos que comparta de toda cosa buena con el Cuerpo cuando reciban alimento en la Palabra.

4
COBERTURA DE LA CABEZA

En algunas congregaciones las mujeres usan una cobertura sobre la cabeza, sea una pañoleta, redecilla o sombrero. Mujeres que dirigen una oración pública o que operan en el don del Espíritu públicamente deben considerar cubrirse la cabeza para demostrar el orden propio de la familia, por lo tanto en Yeshua el Mesías. **1 Corintios 11** da instrucciones a las comunidades Mesiánicas sobre la autoridad espiritual, pero también Pablo menciona cubrirse la cabeza cuando uno está ministrando en la congregación. En el Judaísmo, solo las mujeres casadas se cubren la cabeza, pero en las congregaciones Gentiles cada una de las mujeres puede cubrirse la cabeza como señal de reverencia en la oración pública o en la lectura de las Santas Escrituras. Las costumbres pueden cambiar dependiendo de cada congregación.

En algunas congregaciones, los hombres usan una cubierta llamada *kippah* (o *yamulke*) como demostración de respeto por la Presencia de Adonai en Su Santuario. Lo que Pablo parece estar diciendo en **1 Corintios 11** es de que un hombre no tenía que cubrirse la cabeza para ministrar en la congregación, pero leyendo más cuidadosamente en el texto en el Griego, es más un consejo a una prohibición de vestirse con ropas del otro sexo. El hombre no debía vestir algo colgando sobre su cabeza como la cobertura de la mujer. Era costumbre de los hombres de usar una cobertura sobre la cabeza en los días de Pablo, y los sacerdotes en el Templo se les requerían que lo usasen. En efecto, un hombre leproso tenía que soportar tener su cabeza descubierta, por lo tanto no hay contradicción en las instrucciones de Pablo y de un hombre Judío usando una kippah en la congregación.

5
ESTRUCTURA ADMINISTRATIVA

Un rabino, pastor o un anciano pueden funcionar como líderes de la congregación. Un *nasi* es el presidente o supervisor de la congregación. Ancianos (*zekenim*) pueden enseñar, funcionar como *beit din,* o corte de la congregación local, hacer *halajah* (establecer patrones o costumbres, alabanzas y adoración, vida comunitaria), dirigir servicios de Shabbat y educar futuros líderes en la fe del Mesias Yeshua. Otra posición que puede haber en una congregación mesiánica es la de diacono (*shammash*). Ellos representan a la congregación y ayudan a los ancianos en la administración. Los diacones generalmente se encargan de supervisar los locales, se aseguran de ayudar al que lo necesite y participan activamente en la preparación de los servicios y fiestas.

En las congregaciones que son étnicamente más Judías, también puede haber un cantor (*jazzan*) quien dirige el servicio litúrgico y un *gabbai,* quien arregla y supervisa los servicios, designando un laico para la oración si es necesario.

6

SHABBAT ESPECIALES - BAR MITZVAH

Si en la congregación hay jóvenes, tal vez te podrás encontrar un *Bar Mitzvah* en un servicio de Shabbat, que es un rito de transición. La celebración de un bar mitzvah en una congregación es una tradición que marca la añadidura de un hijo o hija de Israel a la congregación, donde podrá funcionar y dirigir competentemente el Cuerpo del Mesías. Después de su bar mitzvah, la persona podrá ser llamada para conducir porciones del servicio de la congregación. La persona que hace el bar mitzvah puede conducir parte del servicio de Shabbat en el día de su cumpleaños para demostrar su disposición de su responsabilidad.

Bar mitzvah, o "Hijo del Mandamiento," (o Bat Mitzvah, Hija del Mandamiento), es una tradición hecha por el hombre que nos dirige a guardar y tener responsabilidad por la Palabra de Dios, y es uno de tantos re-nacimientos espirituales que podemos tener en nuestro caminar con Yeshua, de la forma que El dirige sus discípulos al Padre. De hecho, Yeshua participo en una forma de celebración temprana del bar mitzvah cuando el sentó en los atrios del Templo con los escribas y maestros de la Torah a la edad de doce años.

Un bar mitzvah es un rito de transición que marca un hito de desarrollo.

Los niños Judíos en el 1er Siglo empezaban a memorizar las Escrituras desde que tenían cinco años de edad, y para la edad de doce años, se esperaba que supieran tanto las Escrituras, como la Ley Oral Judía lo suficiente como para poder conversar inteligentemente con un rabino o un erudito.

En la sinagoga, cada semana se leen las Escrituras de acuerdo a un calendario antiguo que incluye lecturas de la Torah (Génesis, Éxodo, Levítico, Números, Deuteronomio), los Profetas y los Salmos. Adicionalmente, una porción del Brit HaJadashah (Nuevo Testamento) es leída. Cada porción semanal tiene un nombre; por lo tanto cada persona tiene una "porción en la Torah" que coincide con la semana de su cumpleaños. Con el pasar de los años, un bar mitzvah se convertirá en un experto en la porción de su nacimiento, y podrá debatir esas Escrituras profundamente. El habrá podido leer comentarios de eruditos, meditar y orar en ellos, enseñarlos, y encontrar nuevas conexiones a Yeshua el Mesías.

Por cuanto la costumbre de Yeshua era participar en el servicio de la sinagoga local cada Shabbat, se asume que la asistencia a la congregación seria continua desde el bar mitzvah y después de haberla hecho. El bar mitzvah es un compromiso al Cuerpo del Mesías, al igual que un compromiso a Adonai. Algunas tradiciones asociadas al bar mitzvah son:

- Los miembros de la familia traen caramelos en una canasta para tirarlos en el bar mitzvah mientras él/ella se dirige al bimah y todos animan la lectura de la Palabra. Los caramelos son tirados nuevamente al terminar la bendición de la Torah y después de la lectura de la Haftorah (Profetas). Esto es para enfatizar la dulzura de la Palabra de Dios, que es más dulce que la miel y del panal. Una animación apropiada es ¡"Baruj Haba" para un varón, y "Baruj Habaah" para mujer! ¡"La dulzura de la Torah"! ¡"Baruj HaShem Adonai"! ¡"Bat Mitzvah/Bar Mitzvah"! ¡"Ben Yisrael, Bat Yisrael"! ¡"Kadosh L'Adonai"!

- Danza después del servicio. Típicamente, los hombres danzaran con el bar mitzvah y las mujeres con la bat mitzvah. Otros están invitados a estar atrás y aplaudir, cantar, ondear estandartes y sujetar a los pequeños que están asombrados con la celebración.
- Oneg, que es la comida de celebración que sigue al servicio.
- Pequeños regalos y tarjetas son apropiados para el bar mitzvah, pero regalos grandes y excesivos deben ser dados en la casa.

A pesar que no es tradicional que adultos hagan un bar o bat mitzvah, se está convirtiendo muy popular en los adultos que no crecieron con las tradiciones Judías o que a pesar de ser Judíos no tuvieron la experiencia de un bar mitzvah de celebrar este rito antiguo. Nunca es muy tarde para madurar en el Cuerpo del Mesías, y celebraciones es central en el camino de nuestra fe.

La preparación para el bar mitzvah es bien extenso, y tomara un año o más para prepararse. Mucho de la preparación del bar mitzvah es estudiar con el padre o madre, cumpliendo así con el mandamiento de que los padres enseñen diligentemente los mandamientos a sus hijos. Entre las habilidades y temas aprendidos son conocimiento Bíblico y estructura, Hebreo básico, cantar oraciones litúrgicas y Torah trop [15] en Hebreo, y memorización de algunas oraciones y bendiciones. El niño que hace bar mitzvah o la niña que hace bat mitzvah tendrá un entendimiento mesiánico de la Tierra, el Pueblo, y las Escrituras de Israel, incluyendo un estudio profundo de las relaciones de pacto y el rol central de Yeshua en el plan de redención. La idea es que ellos puedan investigar comentarios rabínicos y contemporáneos como también el uso de una concordancia, para que ellos puedan preparar un sermón, exhortación, o comentar sobre la lectura semanal de la Biblia.

Al terminar el tiempo de preparación, el bar mitzvah

15. Las notas musicales a las que las palabras de las Escrituras son cantadas en Hebreo.

será un experto en su porción asignada de la Torah, que cumple nuestra oración diaria, "Concédenos nuestra porción en tu Torah..." Además del conocimiento y habilidades necesarios para el bar mitzvah, él debe estar familiarizado con el orden y la estructura del servicio de la sinagoga.

Entonces estate listo a aplaudir, cantar, animar, marchar, danzar, alabar, aprender y entrar en el gozo de la Torah Viva con el bar mitzvah o la bat mitzvah.

6

CONCLUSIÓN

Celebración es central para la experiencia de adoración Judía y Mesiánica. Aunque diferente del servicio del culto Cristiano, el culto Mesiánico es la raíz y fundación del culto Cristiano a pesar de la divergencia posterior del modelo del Primer Siglo.

Congregaciones Mesiánicas y Grupos se están levantando por todo el mundo y la diversidad de religiones, etnia, y antecedentes académicos hacen a cada congregación interesante. Algunas podrán ofrecer alguna experiencia similar a un culto Cristiano evangélico, mientras que otras son poco diferentes de un servicio Judío Ortodoxo de una sinagoga. Aprender practicas fundadas en las Escrituras no tiene que ser intimidación, sino agradable y satisfactorio.

Nosotros esperamos que tu visita a una congregación Mesiánica sea ¡Llena de la Presencia de Adonai! A pesar de ser diferente de cualquier otro servicio que tú hayas experimentado. Es una oportunidad de descansar en el Shabbat en la obra completa del Mesías en tu vida.

Si las oraciones, cantos, danzas, proclamaciones de la Palabra, enseñanza, hermandad y cualquier otra parte del servicio han tocado las fibras de tu corazón, que eso te motive a hacer un seguimiento con alguna lectura adicional. ¡Oramos para que puedas encontrar una congregación que te llene cera de ti!

PREGUNTAS FRECUENTES

¿Por qué se dirigen hacia el Este cuando oran?

Esta no es una tradición hecha por hombre, sino establecida por el Rey Salomón en la inauguración del Primer Templo cuando la Presencia de Adonai fue tan grande que los sacerdotes no podían estar de pie para ministrar. El Rey Salomón sabía que algún día Israel estaría exiliado y el Templo estaba destinado a convertirse en una Casa de Oración para todas las naciones. El estableció un modelo de oración para todo el que adorara al Santo en tiempos venideros:

Aquí hay algunos extractos del pasaje de **1 Reyes 8:**

> 33 »Cuando tu pueblo Israel sea derrotado por el enemigo por haber pecado contra ti, si luego se vuelve a ti para honrar tu nombre, y ora y te suplica en este templo, 34 óyelo tú desde el cielo, y perdona su pecado y hazlo regresar a la tierra que les diste a sus antepasados…

> 35 »Cuando tu pueblo peque contra ti y tú lo aflijas cerrando el cielo para que no llueva, si luego ellos oran en este lugar y honran tu nombre y se arrepienten de su pecado, 36 óyelos tú desde el cielo y perdona el pecado de tus siervos, de tu pueblo Israel. Guíalos para que sigan el buen camino,... 37 »Cuando en el país haya hambre, peste, sequía, o plagas de langostas o saltamontes en los sembrados, o cuando el enemigo sitie alguna de nuestras ciudades; en fin, cuando venga cualquier calamidad o

enfermedad, 38 si luego cada israelita, consciente de su propia culpa,[a] extiende sus manos hacia este templo, y ora y te suplica, 39 óyelo tú desde el cielo, donde habitas, y perdónalo. Trata a cada uno según su conducta, la cual tú conoces, puesto que solo tú escudriñas el corazón humano….

41 »Trata de igual manera al extranjero que no pertenece a tu pueblo Israel, pero que atraído por tu fama ha venido de lejanas tierras. 42 (En efecto, los pueblos oirán hablar de tu gran nombre y de tus despliegues de fuerza y poder). Cuando ese extranjero venga y ore en este templo, 43 óyelo tú desde el cielo, donde habitas, y concédele cualquier petición que te haga. Así todos los pueblos de la tierra conocerán tu nombre y, al igual que tu pueblo Israel, tendrán temor de ti y comprenderán que en este templo que he construido se invoca Tu Nombre.

Daniel es el prototipo para aquellos que viven fuera de Jerusalén, sin embargo ellos dirigen sus caras hacia Jerusalén para orar: "Cuando Daniel se enteró de la publicación del decreto, se fue a su casa y subió a su dormitorio, cuyas ventanas se abrían en dirección a Jerusalén. Allí se arrodilló y se puso a orar y alabar a Dios, pues tenía por costumbre orar tres veces al día." (**Daniel 6:10**).

En efecto, el Salmista expresa ese anhelo:

Ah, Jerusalén, Jerusalén, si llegara yo a olvidarte,¡que la mano derecha se me seque!
Salmo 137:5

Algunos Cristianos que desconocen la costumbre lo pueden confundir con la oración Musulmana, o tal vez puedan pensar en el siguiente verso:

> *Y me llevó al atrio interior del templo. A la entrada del templo, entre el vestíbulo y el altar, había unos veinticinco hombres que estaban mirando hacia el oriente y adoraban al sol, de espaldas al Templo del Señor.*
> **Ezequiel 8:16**

Leyendo más cuidadosamente lo que explica Ezequiel vemos que los adoradores del sol tenían sus ESPALDAS al Templo. La dirección de la oración Judía es MIRANDO hacia el Templo.

¿Estaré obligado a estar de pie en partes del servicio en el cual yo prefiero no participar?

El único asiento en el Templo era el Propiciatorio. A no ser de que tengas una discapacidad física o enfermedad, estar de pie cuando la congregación está de pie no es una señal de participación en el culto, sino una señal de respeto por los que están adorando (**2 Reyes 5:17-18**). El respeto es un rasgo de carácter que no está muy de moda en América desde los 60s, pero nunca pasa de moda en la Presencia de Adonai. Uno de los Siete Espíritus de Adonai mencionados en Isaías es *Yirat Adonai* o Reverencia de Adonai. Respeto por aquellos que están en el acto de adoración es requerido.

¿Qué son esos pequeños flecos que los hombres usan?

Esos cordones pequeños son los Tzitzit. Son para hacernos acordar el siguiente mandamiento:

> *El Señor le ordenó a Moisés que les dijera a los israelitas: «Ustedes y todos sus descendientes deberán confeccionarse flecos, y coserlos sobre sus vestidos con hilo de color púrpura. Estos flecos les*

> *ayudarán a recordar que deben cumplir con todos los mandamientos del Señor, y que no deben prostituirse ni dejarse llevar por los impulsos de su corazón ni por los deseos de sus ojos. Tendrán presentes todos mis mandamientos, y los pondrán por obra. Así serán mi pueblo consagrado. Yo soy el Señor su Dios, que los sacó de Egipto para ser su Dios. ¡Yo soy el Señor!»*
> **Números 15:37-41**

Yeshua nos confirma la importancia de guardar los mandamientos:

> *Si ustedes me aman, obedecerán mis mandamientos.*
> **Juan 14:15**

Y Pablo enseña en Romanos que los mandamientos y la Torah son espirituales (**Romanos 7:14**), y deben ser guardados con la fuerza del hombre espiritual resurrectado, no el hombre carnal, que meramente nos impulsa a luchar en contra del mandamiento espiritual trayendo muerte. Nuestra relación con Yeshua hacer nuestra relación a los mandamientos una de amor y no de obras.

¡Si, esos pequeños flecos nos recuerdan todo esto!

Tradicionalmente ese mandamiento es cumplido a través del uso del tallit, el manto decorativo de oración, o el tallit katan, una prenda rectangular que usan los hombres bajo sus camisas. El tallit y manto de oración es también usado como un dosel para bendecir a los niños o un dosel matrimonial donde se hacen los votos matrimoniales.

Habrá una diversidad en donde, como y si algunos Mesiánicos usan tzitzit. En una congregación Mesiánica Judía, posiblemente solo los hombre usan el tallit o tallit katan. Por otro lado, las mujeres usan un tallit femenino que no puede ser confundido con el de los varones. En una congregación Mesiánica no-Judía, puedes ver hombres y mujeres usándolo y algunos usan las borlas en las trabillas del pantalón, aunque no es normativo dentro del Judaísmo. Algunos podrán usar la prenda exterior, el tallit, mientras que otros lo ocultan dentro de sus ropas.

¿Por qué hay tanto énfasis en el Hebreo?

¡Pensamos que podrías preguntar! La Torah y los Profetas en su mayoría fueron escritos en Hebreo. Gran parte del Nuevo Testamento cita esas mismas Escrituras Hebreas. El problema con las traducciones es que muchas veces la traducción refleja la influencia o la limitada cultura del traductor. Podemos de verdad ver esto en las puntuaciones de las traducciones en Español de la Biblia.

Una manera de evitar tener que decidir de la "mejor" traducción de una palabra, frase o verso en la Escritura es aprender el lenguaje en el que fue escrita. Esto elimina al intermediario y lleva al individuo directamente a la fuente, de este modo él o ella puede responder con confianza, "Esta escrito…"

Como ejemplo, considera los Israelitas que regresaron de Babilonia hablando otras lenguas. Cuando Esdras y los sacerdotes "*…leyeron en el libro de la ley de Dios, traduciéndolo y dándole el sentido para que entendieran la lectura,*" las personas estaban recibiendo las Escrituras a través de un intermediario, que fue usado grandemente por Dios para explicar las Escrituras Hebreas en una lengua conocida.

¡En el principio, sin embargo, no fue así! La perfección de la creación era que Dios caminaba con nosotros en la brisa de la tarde hablando directamente con nosotros en un lenguaje común. Leyendo las Escrituras en Hebreo harán que las Escrituras cobren vida y disminuirá la dependencia de traducciones humanas que se pueden equivocar en su entendimiento. Al menos, saber cómo usar una concordancia es recomendado para hacer que el estudio personal sea beneficioso.

¿Por qué la reunión es tan larga?

Guardando el Shabbat, nosotros confiamos que los adoradores hayan dejado sus obligaciones de la semana de trabajo para disfrutar de la Presencia de Adonai y Sus hijos sin límite de tiempo. Después de todo, si fuéramos a trabajar en Shabbat, ¿no estamos añadiendo a la obra completa de Yeshua el Mesías? ¡Es mejor deleitarnos en la obra completa de salvación de Yeshua! Nosotros estamos completos en él.

Diferentes partes del servicio ministran las necesidades de las diferentes personas. Algunos les gusta la devoción expresada en la liturgia. Algunos les gusta cantar o danzar. Algunos les gusta la lectura pública de las Escrituras. Algunos necesitan oración por enfermedad. Algunos les gusta la enseñanza de la Palabra. Algunos necesitan el compartimiento del oneg. En **1 Corintios 11**, el Apóstol Pablo deja claro ¡que nuestras reuniones no son para comer solos! Adonai nos llama a una congregación para enseñar madurez dentro del Cuerpo. El exhorta al Cuerpo de "esperar el uno al otro."

Mientras que no todas las partes del servicio ministran los gustos de todo el mundo, es la paciencia de nuestro Mesías el esperar a otros para que pueden sacar fuerzas y sanidad física y espiritual de eso. Mi anhelo tal vez no sea una parte del servicio, pero ellas son Escriturales y están ministrando a alguien. El amor es paciente.

En muchas congregaciones, los participantes tratan de proveer comida suficiente para todos para compartir en la comida del oneg, especialmente si hay visitantes que vienen de lejos; esto les evita tener que comprar/vender en el Shabbat:

> *Durante aquellos días vi en Judá que en sábado algunos exprimían uvas y otros acarreaban, a lomo de mula, manojos*

de trigo, vino, uvas, higos y toda clase de cargas que llevaban a Jerusalén. Los reprendí entonces por vender sus víveres en ese día. También los tirios que vivían en Jerusalén traían a la ciudad pescado y otras mercancías, y las vendían a los judíos en sábado. Así que censuré la actitud de los nobles de Judá, y les dije: «¡Ustedes están pecando al profanar el día sábado! Lo mismo hicieron sus antepasados, y por eso nuestro Dios envió toda esta desgracia sobre nosotros y sobre esta ciudad. ¿Acaso quieren que aumente la ira de Dios sobre Israel por profanar el sábado?» Entonces ordené que cerraran las puertas de Jerusalén al caer la tarde, antes de que comenzara el sábado, y que no las abrieran hasta después de ese día. Así mismo, puse a algunos de mis servidores en las puertas para que no dejaran entrar ninguna carga en sábado.
Nehemías 13:15-19

Pero el día sexto recogieron el doble, es decir, cuatro litros por persona, así que los jefes de la comunidad fueron a informar de esto a Moisés. —Esto es lo que el Señor ha ordenado —les contestó—. Mañana sábado es día de reposo consagrado al Señor. Así que cuezan lo que tengan que cocer, y hiervan lo que tengan que hervir. Lo que sobre, apártenlo y guárdenlo para mañana.
Éxodo 16:22-23

¿Qué significan todos estos símbolos? ¿No son algunos de ellos usados en el paganismo?

Puedes ver muchos símbolos Judíos o Bíblicos y obras de arte en una congregación Mesiánica. Algunos símbolos son la Menorah, el Magen David (Estrella de David), y hasta un símbolo múltiple con el Magen David, la cruz y el pescado fusionado.

La mejor respuesta a esta pregunta está dada en una serie de conferencias en DVD por Frank Houtz de la Compañía Restauración de los Huesos Secos, pero este extracto condensa su enseñanza concerniente a los símbolos:

Primero que nada, la estrella de David es un símbolo. Los símbolos por naturaleza no pueden tener un significado innato. Significan lo que quieran a quien quiera que quiera decir. Por ejemplo, las letras Latinas son usadas mucho en el Continente Europeo, en América, la mayor parte de América del Sur, Australia y hasta muchísimo en África. Aun así, cada letra no es pronunciada igual, lo que significa que no representa el mismo sonido cada vez. Uno puede unir esas letras en grupos llamadas palabras. Aun allí el significado del grupo puede ser diferente. La pronunciación es un símbolo tanto como las letras. Las palabras habladas representan un concepto, pero el mismo sonido puede tener varios significados. La palabra para si en Alemán es *Ja*, y se pronuncia como *Yah*. La palabra Hebrea Yah es el Nombre de Dios. Yo sospecho que Dios no creo algo que le diera un tirón a Su cabeza al escuchar a un Alemán, pensando que un Alemán lo está llamando cada vez que responde afirmativamente. Así que un símbolo es cualquier cosa que representa otra cosa. Puede ser un sonido, una letra, un emblema, un arte, un gesto, hasta un poema y mucho, mucho más. Solo significa lo que el creador quiso significar. Sugerir que un símbolo siempre representa un significado particular es completamente ajeno a la naturaleza de los símbolos.

Digamos que un símbolo significa lo que la cultura le asigno. Algunas personas supersticiosas le han asignado poder a un símbolo. Por ejemplo, los Alemanes de Pensilvania pintan un signo hexagonal en sus graneros para ahuyentar a los malos espíritus. Algunos Católicos Romanos llevan la imagen de San Cristóbal para protegerlos durante sus viajes. Asignarle un poder a un símbolo de hecho puede ser una clase de brujería. No es la brujería el poder asignado a hechizos (una serie de palabras), amuletos (cierta imagen o talismán). Si nosotros le atribuimos un poder innato a un símbolo, nosotros estamos sugiriendo que el símbolo puede albergar mal o bien y pasarle esos atributos sobre su portador. Esto es un perturbador análisis de los símbolos.

Buscar el origen de un símbolo para poder establecer aprobación o desaprobación de nuevo es un mal entendimiento de la naturaleza de los símbolos. Si un símbolo tiene orígenes paganos en su historia, no significa que es pagano hoy en día, o incluso no vendría a la mente de nadie como pagano. Hasta la palabra pagana ha cambiado su significado con el transcurso de los años. Una vez significo un agricultor o un campesino. Hoy significa un idolatra o un politeísta. Si el origen de una palabra sustituye el significado presente, un pagano es una buena persona con orígenes humildes pero un trabajador fuerte. La estrella de David puede haber tenido algún uso por parte de alguna cultura pagana, pero probablemente también tuvo un uso en una cultura virtuosa. Mientras más simple sea un símbolo, lo más probable es que ha sido usado múltiples veces con múltiples significados.

Recientemente yo visite la sinagoga de Capernaúm, Israel. Esta es la sinagoga donde Yehoshua [16] una vez enseño (Marco 1:21 y otros versos). Me pareció interesante encontrar esculpida en el dintel un Magen David. Parece que si este símbolo fuera innatamente malo, Yehoshua habría evitado una sinagoga que tuviera ese símbolo en ella.

No estoy segura que podemos probar conclusivamente que el Magen David es un antiguo escudo de David, a pesar de que en las excavaciones arqueológicas en Israel, el Magen David fue encontrado en un mosaico en el piso del palacio de Salomón. Ni siquiera estoy segura que el símbolo siempre fue visto como representando una estrella. Realmente no se parece a nada de lo que veo en los cielos. Pero si David lo uso o no, eso no

16. La forma larga del nombre de Yeshua.

determina su valor. Realmente, un signo es solamente eso, un signo. Representa algo para algún grupo de personas. (F. Houtz, comunicación personal 6/8/15).

PREGUNTAS PARA REVISIÓN

1. Describe la composición étnica de una congregación Mesianica típica.

2. Describe a los Nazarenos del Primer Siglo hasta el 430 d.C.

3. Describe la identidad Mesiánica espiritual y su punto de vista de la salvación y santificación.

4. Enlista los elementos típicos, como los muebles o símbolos, que se encuentran en una sinagoga Mesiánica o congregación.

5. Explica la palabra Griega *paradosis:*

6. Compara una "buena" oración repetitiva con una "mala."

7. Explica la definición de oración desde el punto de vista Judío o Hebreo.

8. ¿Cómo la oración cambia el futuro?

9. Describe algunas acciones que pueden ser consideradas como malas maneras en una congregación Mesiánica.

10. Nombra los tres tipos de Escritura que se leen en un servicio de Shabbat.

SOBRE LA AUTORA

La Dra. Hollisa Alewine tiene una Licenciatura en Ciencias y Maestría de la Universidad de Texas A&M y un Doctorado de la Escuela de Post Grado de Oxford.

Ella es la autora de *Standing with Israel: A House of Prayer for All Nations* (De Pie con Israel: Casa de Oración para Todas las Naciones)

The Creation Gospel Bible study series (El Evangelio de la Creación, series de estudios Bíblicos)

Y programadora de Hebraic Roots Network (Canal de Raíces Hebreas)

La Dra. Alewine es una estudiante y maestra de la Palabra de Dios.

www.ingramcontent.com/pod-product-compliance
Lightning Source LLC
Chambersburg PA
CBHW071637040426
42452CB00009B/1665